الخطوة السهلة لقرآءة القرآن الكريم

الجزء الثالث

Wisdom Publications

إعداد:
أبو صالح
خادم

المعلومات الشخصية
PERSONAL INFORMATION

Student Name: الإسم:

Student Address: العنوان:

School Name: إسم المدرسة:

Class: القسم:

Form/Year: السنة:

Teacher: المعلم:

Date Started: تاريخ البداية:

Date Completed: تاريخ النهاية:

SIMPLE STEPS IN QUR'AAN READING (PART 3)

A 3 PART SERIES

FIRST EDITION	1423	2003
SECOND EDITION	1429	2008

PREPARED BY
Abu-Saalihah Bin Ayyub
Zeenat-Ul-Qur'aan Academy
Nuneaton, England, UK

ISBN: 978-1-84828-078-6

PUBLISHED BY

Wisdom
Publications

© WISDOM PUBLICATIONS
Zeenat-Ul-Qur'aan Academy
PO Box 3157, Nuneaton
Warwickshire, CV11 5ZR
England - U.K.
info@wisdompublications.co.uk
www.wisdompublications.co.uk

Distributed by Azhar Academy Ltd.
54-68 Little Ilford Lane
Manor Park
London
E12 5QA
sales@azharacademy.com
www.azharacademy.com
TEL: +44 (020) 8911 9797
FAX: +44 (020) 8911 8999

DESIGN & PAGE SETTING:
Aslam Lorgat - Zi-Clone Multimedia UK
Ayyub Abbasi - SaiCom Graphic Designing INDIA
Abu-Saalihah Ayyub - UK

PREFACE

بسم الله الرحمن الرحيم

الحمدلله الذي علم الانسان مالم يعلم ، والصلوة والسلام على حبيبه محمد ﷺ أما بعد ....

All praises belong to our Creator and Sustainer Allah ﷻ and peace and blessings be upon our Beloved Nabi ﷺ , Aameen.

Dear Reader, by the grace of Allah you have in your hands the second complete edition of 'Simple Steps in Qur'aan Reading'. As the name suggests only a few simple steps are required in order to correctly recite and pronounce the Arabic alphabet letters directly from the Qur'aan.

We have made some amendments to this edition after receiving valuable advice from those scholars, teachers and parents who've used the previous edition and we hope you find these helpful.

Here are some of the changes we've made:

- ✓ *Arabic words taken directly from the Qur'aan - references are available on request; except Part One (initial lessons).*
- ✓ *Use of 'Majidi fonts' resembling the Majidi script. The preferential script of Qur'aans from the subcontinent.*
- ✓ *Use of Professional designers for the overall outlay and design.*
- ✓ *Adoption of colour coding for ease of understanding and recitation.*
- ✓ *Addition of simple colour coding from Surah Al-Fajr to An-Naas to aid in remembering rules of Tajweed.*

The Audio CD's have also been revamped:

- ✓ *The addition of an Explanatory note at the beginning of each lesson*
- ✓ *Recitation of the Arabic text by Shaykh Abu-Muhammad-Jibreel*
- ✓ *Narration of English text by a Year 2 Student*
- ✓ *Professional recording of CDs in Digital format*
- ✓ *Laminated and brightly coloured flash cards*
- ✓ *Qur'aan recitation CDs with individual tracks which correspond to individual lessons*
- ✓ *Colouring and writing books for young students*
- ✓ *A self study manual for Adults and older students*

This edition comes with an interactive CD to help students gain a better understanding. Additional support is available via our website.

Although we have taken the utmost care in the compilation and production of this book should you find any errors please don't hesitate in informing us. Your feedback is always welcome.

May Allah ﷻ forgive my shortcomings and accept this work as a means of acquiring his pleasure and closeness to his beloved Mustafa ﷺ.
May he reward my family, friends and well-wishers who've supported and encouraged me in continuing this noble work.

والله ولي التوفيق ، نسأل الله أن ينفع به عموم المسلمين

Abu-Saalihah bin Ayyub
Khaadim-Ul-Qur'aan
Nuneaton, England
Muharram 10, 1428 AH

بسم الله الرحمن الرحيم

IN THE NAME OF ALLAH

MOST GRACIOUS, MOST MERCIFUL

SHADDAH

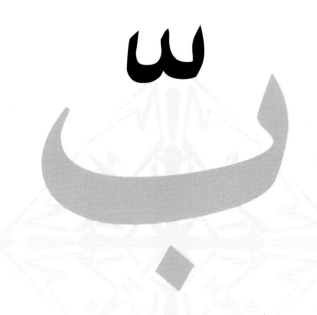

بّ

A **SHADDAH** or otherwise know as a **TASHDEED** is a 'w' like sign appearing on top of a letter and will be pronounced twice like the 's' in 'dis-solve'.

بِسْمِ اللّٰهِ الرَّحْمٰنِ الرَّحِيْمِ

Saakin & Mushaddad letters

Lesson 1

اَ + اْ + اَ = اَاَّ	بَ بْ بَ = بَبَّ	تَتْتَ = تَتَّ
ثَثْثَ = ثَثَّ	جَجْجَ = جَجَّ	حَحْحَ = حَحَّ
خَخْخَ = خَخَّ	دَدْدَ = دَدَّ	ذَذْذَ = ذَذَّ
رَرْرَ = رَرَّ	زَزْزَ = زَزَّ	سَسْسَ = سَسَّ
شَشْشَ = شَشَّ	صَصْصَ = صَصَّ	ضَضْضَ = ضَضَّ
طَطْطَ = طَطَّ	ظَظْظَ = ظَظَّ	عَعْعَ = عَعَّ

Simple Steps In Qur'aan reading

Comments:

Date Completed: / /

Excellent ☐ Good ☐ Average ☐

بِسْمِ اللَّهِ الرَّحْمَٰنِ الرَّحِيمِ

Saakin & Mushaddad letters

Lesson 2

غَغُغَ = غَغَّ	فَفُفَ = فَفَّ	قَقُقَ = قَقَّ
كَكُكَ = كَكَّ	لَلُلَ = لَلَّ	مَمُمَ = مَمَّ
نَنُنَ = نَنَّ	وَوُوَ = وَوَّ	هَهُهَ = هَهَّ
ئَئُئَ = ئَئَّ	يَيُيَ = يَيَّ	

Comments:

Date Completed: / /

Excellent ☐ Good ☐ Average ☐

بِسۡمِ اللّٰهِ الرَّحۡمٰنِ الرَّحِيۡمِ

2 letter Word with Shaddah

Lesson 3

اِنَّ	مِمَّ	قَدِّ	ثُمَّ
رَبِّ	كُلُّ	خَفَّ	بِرِّ
تَبَّ	صَلِّ	كَذِّ	دُعُّ
حُضُّ	اَوَّ	بَشِّ	حُجُّ
غُلُّ	ظَلَّ	نَزَّ	حِطَّ
اُمُّ	صَيِّ	سُجُّ	بَثَّ

Simple Steps In Qur'aan reading

Comments:

Date Completed: / /

Excellent ☐ Good ☐ Average ☐

بِسْمِ اللّٰهِ الرَّحْمٰنِ الرَّحِيْمِ

Words with Mushaddad letters

Lesson 4

اِلَّا اَلَّا بَلَّا كَلَّا

اِنَّا مِنَّا فَلَمَّا رَبَّنَا

رَبُّكَ لَعَلَّ فَصِلِّ يُحِتُّ

سَوِيًّ عُتُلٍّ عَدُوٌّ مُكِبًّا

نَبِيِّنَ فَاِنَّمَا اَيُّوْبَ فَعَّالٌ

اَنَاسِىَّ زَكّٰهَا جَلّٰهَا صَرَّفْنَا

Comments:

Date Completed: / /

Excellent ☐ Good ☐ Average ☐

بِسْمِ اللّٰهِ الرَّحْمٰنِ الرَّحِيْمِ

Words with Mushaddad letters

Lesson 5

يَمُدُّهُمْ	لَعَلَّكُمْ	فَسَخَّرْنَا	مُسْتَقَرٌّ
مَسَّتْهُمُ	كَذَّبْتُمْ	تَطَهَّرُوْنَ	تَقَطَّعَتْ
عَلَيْهِنَّ	سَلَّمْتُمْ	طَلَّقْتُمُ	كُرْسِيُّهُ
يَتَسَنَّهْ	بَشَّرْنٰهُ	عِلِّيُّوْنَ	وَنُقَدِّسُ
اُمِّيُّوْنَ	تَقُوْنَنَّ	لِيُمَحِّصَ	يَتَخَبَّطُ
مُبَيِّنٰتٍ	كُرْسِيِّهٖ	سَيِّاٰتِهٖ	رَبّٰنِيّٖنَ

Simple Steps In Qur'aan reading

Comments:

Date Completed: / /

Excellent ☐ Good ☐ Average ☐

THE WORD ALLAH

اللّٰه

If a **FATHAH** or **DHAMMAH** appears before the word **ALLAH**, then the word **ALLAH** will be recited full-mouth. Otherwise it will be recited empty-mouth.

بِسْمِ اللهِ الرَّحْمٰنِ الرَّحِيْمِ

The Word Allah

Lesson 6

وَاللّٰهُ	اِنَّ اللّٰهَ	فَتَحَ اللّٰهُ	ذَهَبَ اللّٰهُ
نَارُ اللّٰهِ	فَضْلُ اللّٰهِ	هَدٰهُمُ اللّٰهُ	نَصْرُ اللّٰهِ
بِاللّٰهِ	بِسْمِ اللّٰهِ	دُوْنِ اللّٰهِ	رِزْقِ اللّٰهِ
وَلَعَنَهُمُ اللّٰهُ	رَسُوْلِ اللّٰهِ	اَمَرَ اللّٰهُ	اَرْضِ اللّٰهِ
عِنْدَ اللّٰهِ	يُرِيْدُ اللّٰهُ	فِىْ سَبِيْلِ اللّٰهِ	ذِكْرِ اللّٰهِ
اَغْنٰهُمُ اللّٰهُ	دِيْنِ اللّٰهِ	كَلٰمُ اللّٰهِ	عَهْدَ اللّٰهِ

Simple Steps In Qur'aan reading

Comments:

Date Completed: / /

Excellent ☐ Good ☐ Average ☐

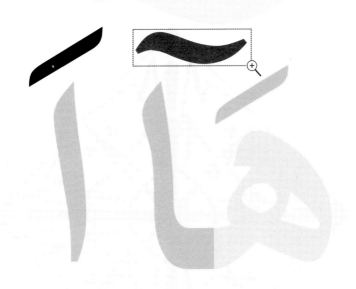

SMALL MADD'

A short stroke or curve appearing on top a letter is known as **MADD-E-MUNFASIL** and will be prolonged.

Madd-e-Munfasil

Lesson 7

وَاِنَّآ اِنْ	يٰٓاَيُّهَا	مَآ اَعْبُدُ	بِهٖٓ اِلَّا
يٰٓاٰدَمُ	اِنِّيْٓ اَعْلَمُ	بِمَآ اُنْزِلَتْ	هٰٓاَنْتُمْ
وَمَآ اَدْرٰكَ	اِنَّآ اَرْسَلْنَا	مٰلِهٰٓ اِذَا	مَآ اُنْزِلَ
رَبَّنَآ اٰمَنَّا	وَلَآ اَنْتُمْ	لَآ اَعْبُدُ	لَوْلَآ اُنْزِلَ
كَمَآ اٰمَنَ	وَلَآ اَعْلَمُ	بِمَآ اُنْزِلَ	كُلَّمَآ اُلْقِيَ
اِنْ هٰذَآ اِلَّا	يٰٓاِبْلِيْسُ	اَلَآ اِنَّ لِلّٰهِ	فِيْٓ اٰذَانِهِمْ

Comments:

Date Completed: / /

Excellent ☐ Good ☐ Average ☐

BIG MADD'

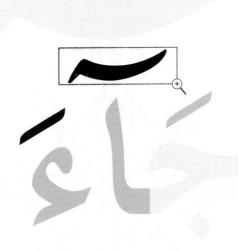

A long stroke or curve appears on top of a letter will be prolonged four or five times

Madd-e-Mut-tasil

Lesson 8

جَآءَ	سَآءَ	بِنَآءً	غُثَآءً
نِسَآءً	سَوَآءٌ	جَزَآءُ	شِتَآءِ
حُنَفَآءَ	كَبَآئِرَ	مَآءَهَا	اَوْلِيَآءُ
اِذَاجَآءَ	مَلٰٓئِكَةُ	جَآءُوكَ	سَٓئِحٰتٍ
دِمَآءَكُمْ	تَشَآءُوْنَ	اَضَآءَتْ	يُرَآءُوْنَ
اِسْرَآءِيْلَ	اَبْنَآءَكُمْ	اِنْشَآءَاللهُ	بِغَآئِبِيْنَ

Comments:

Date Completed: / /

Excellent ☐ Good ☐ Average ☐

بِسْمِ اللّٰهِ الرَّحْمٰنِ الرَّحِيْمِ

Madd-e-Laazim

Lesson 9

آللّٰهُ	جَآنٌّ	ضَآلًّا	آلْئٰنَ
دَآبَّةٍ	حَآجَّهٗ	كَآفَّةً	رَآدُّكَ
خَآصَّةٍ	آمِّيْنَ	صَآفّٰتٍ	آمِّيْ
رُوْنِّيْ	ظَآنِّيْنَ	تَتَّبِعَآنِّ	حَآجَّكَ
حَآفِّيْنَ	تِظَآنِّيْ	ضَآرِّيْنَ	لَضَآلُّوْنَ
تَحَآضُّوْنَ	بِضَآرِّهِمْ	حَآجُّوْنِّيْ	مُدْهَآمَّتٰنِ

Comments:

Date Completed: / /

Excellent ☐ Good ☐ Average ☐

بِسْمِ اللّٰهِ الرَّحْمٰنِ الرَّحِيْمِ

Lesson 10

صٓ	قٓ	نٓ
طٰهٰ	طٰسٓ	يٰسٓ
الٓرٰ	عٓسٓقٓ	حٰمٓ
الٓمّٓرٰ	طٰسٓمّٓ	الٓمّٓ
كٓهٰيٰعٓصٓ		الٓمّٓصٓ

Comments:

Date Completed: /   /

Excellent ☐   Good ☐   Average ☐

QALB م

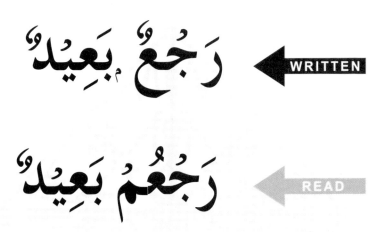

رَجُعٌ م بَعِيدٌ ← **WRITTEN**

رَجُعُم بَعِيدٌ ← **READ**

f **NOON WITH SUKOON** or **TANWEEN** comes before he letter **'BAA'** then it is pronounced **'MEEM'** and will sound from the nose.

Lesson 11

يَمْبُوعًا	يَنۢبُوعًا
نَفْسُمْ بِمَا	نَفْسٌ ۢبِمَا
رَجْعُمْ بَعِيدٌ	رَجْعٌ ۢبَعِيدٌ
مِمْ بَعْدِهِمْ	مِنْ ۢبَعْدِهِمْ
اَمْبَآءِ الْغَيْبِ	اَنْۢبَآءِ الْغَيْبِ
خَبِيرَمْ بَصِيرًا	خَبِيرًاۢ بَصِيرًا

Simple Steps In Qur'aan reading

Comments:

Date Completed: / /

Excellent ☐ Good ☐ Average ☐

NOON AL-QUTNI

خَيۡرًا ۨ الۡوَصِيَّةُ ← **WRITTEN**

خَيۡرَانِ الۡوَصِيَّةُ ← **READ**

To link words in pronunciation, a **SMALL 'NOON'** is sometimes written and will be pronounced with **'KASRAH'**.

بِسْمِ اللّٰهِ الرَّحْمٰنِ الرَّحِيْمِ

Noon Al-Qutni

Lesson 12

نُوْحُ نِ ابْنَهُ	نُوْحُ ۨابْنَهُ
شَيْأَنِ اتَّخَذَ	شَيْأً ۨاتَّخَذَ
مُبِيْنِ نِ اقْتُلُوْا	مُبِيْنِ ۨاقْتُلُوْا
شَيْبَانِ اسَمَآءُ	شَيْبًا ۨاسَمَآءُ
خَبِيْرَانِ الَّذِيْ	خَبِيْرًا ۨالَّذِيْ
خَيْرَانِ الْوَصِيَّةُ	خَيْرًا ۨالْوَصِيَّةُ

Simple Steps In Qur'aan reading

Comments:

Date Completed: / /

Excellent ☐ Good ☐ Average ☐

AAYAH

(COMPLETION OF A SENTENCE)

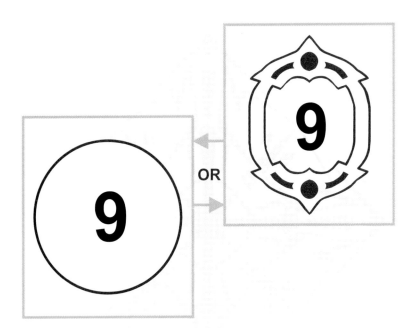

A small circle appearing is symbol of stopping.
The number denotes the number of Aayah

بِسْمِ اللّٰهِ الرَّحْمٰنِ الرَّحِيْمِ

Aayahs

Lesson 13

○ كَبِيرُ	○ كَبِيرٌ	○ بَنَانَهُ	○ بَنَانَهٗ
○ يَظُنُّونُ	○ يَظُنُّونَ	○ يَفْعَلُونُ	○ يَفْعَلُونَ
○ تَشْكُرُونُ	○ تَشْكُرُونَ	○ فَيَكُونُ	○ فَيَكُونُ
○ مَمْنُونُ	○ مَمْنُونٍ	○ مَاكُولُ	○ مَاكُولٍ
○ عَلِيمُ	○ عَلِيمٌ	○ حَكِيمُ	○ حَكِيمٌ
○ وَعَدَّدَهُ	○ وَعَدَّدَهٗ	○ اِذَاحَسَدُ	○ اِذَاحَسَدَ

Simple Steps In Qur'aan reading

Comments:

Date Completed: / /

Excellent ☐ Good ☐ Average ☐

AAYAH (FATHATAIN)

When stopping on a word that the last letter has a **FATHATAIN** then only one **FATHAH** will be recited i.e. **A'MA-LAN** will become **A'MA-LAA**

عَمَلًا ← **WRITTEN**

عَمَلَا ← **READ**

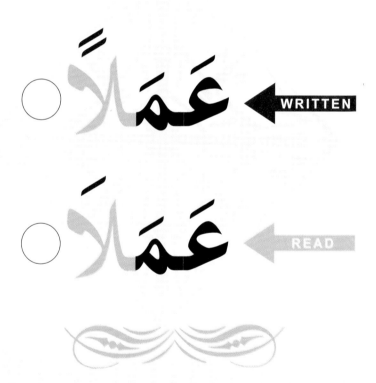

بِسْمِ اللّٰهِ الرَّحْمٰنِ الرَّحِيْمِ

Aayahs

Lesson 14

عَمَلًا	عَمَلَا	عَجَبًا	عَجَبَا
رَشَدًا	رَشَدَا	تَكْبِيْرًا	تَكْبِيْرَا
سَبِيْلًا	سَبِيْلَا	لَمَفْعُوْلًا	لَمَفْعُوْلَا
عَدَدًا	عَدَدَا	اَمَدًا	اَمَدَا
جَمِيْلًا	جَمِيْلَا	بَصِيْرًا	بَصِيْرَا
تَذْلِيْلًا	تَذْلِيْلَا	عَذَابًا	عَذَابَا

Simple Steps In Qur'aan reading

Comments:

Date Completed: / /

Excellent ☐ Good ☐ Average ☐

AAYAH (STOP SIGN)

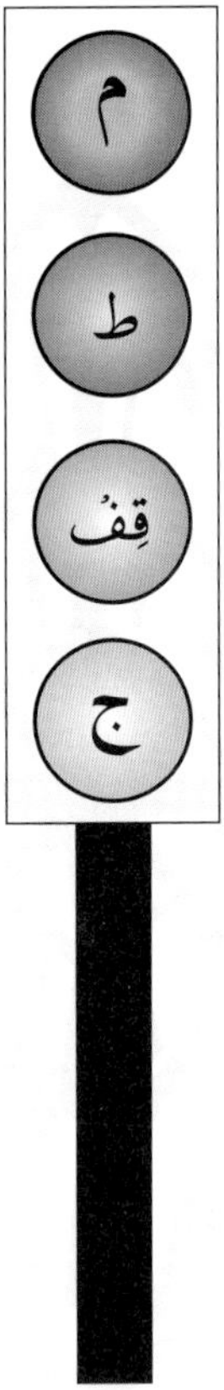

COMPULSORY STOP

NECESSARY STOP

STOP

OPTIONAL TO CONTINUE
OR
TO PAUSE

بِسْمِ اللّٰهِ الرَّحْمٰنِ الرَّحِيْمِ

Lesson 15

يُؤَخَّرُ م	يُؤَخَّرُ م	بَعْضٍ م	بَعْضُ م
نَبَاُنُوحٍ م	نَبَاُنُوحُ م	وَبَصَلِهَا ط	وَبَصَلِهَا ط
لَهُوًا ط	لَهُوٌ ط	تَفٰوُتٍ ط	تَفٰوُتْ ط
رَبَّكُمْ قف	رَبَّكُمْ قف	قَالَ اٰنِفًا قف	قَالَ اٰنِفًا قف
وَلَا تَحْزَنْ قف	وَلَا تَحْزَنْ قف	جَنّٰتٍ ج	جَنّٰتُ ج
سُلْطٰنًا ج	سُلْطٰنَا ج	بِاِذْنِهٖ ج	بِاِذْنِهٖ ج

Simple Steps In Qur'aan reading

Comments:

Date Completed: / /

Excellent ☐ Good ☐ Average ☐

TAA' MARBUTAH

A **ROUND TAA** or otherwise known as **TAA'MARBUTAH**

ة

When Stopping on **TAA-MARBUTAH** It will be pronounced like a **'HAA'**

بِسْمِ اللّٰهِ الرَّحْمٰنِ الرَّحِيْمِ

Lesson 16

جَارِيَةٌ ۝	جَارِيَهْ ۝	كَاذِبَةٌ ۝	كَاذِبَهْ ۝
خَاشِعَةٌ ۝	خَاشِعَهْ ۝	مَبْثُوثَةٌ ۝ط	مَبْثُوثَهْ ۝ط
ذَامَتْرَبَةٍ ۝ط	ذَامَتْرَبَهْ ۝ط	فَاقِرَةٌ ۝ط	فَاقِرَهْ ۝ط
نَاظِرَةٌ ۝ج	نَاظِرَهْ ۝ج	مَرْضِيَّةً ۝ج	مَرْضِيَّهْ ۝ج
مَاالْقَارِعَةُ ۝ج	مَاالْقَارِعَهْ ۝ج	بَاقِيَةٍ ۝	بَاقِيَهْ ۝
خَافِيَةٌ ۝	خَافِيَهْ ۝	دَانِيَةٌ ۝	دَانِيَهْ ۝

Simple Steps In Qur'aan reading

Comments:

Date Completed: / /

Excellent ☐ Good ☐ Average ☐

بِسْمِ اللّٰهِ الرَّحْمٰنِ الرَّحِيْمِ

Aayahs

Lesson 17

تُورُونَ ○ ط	بَيْنَهُمَا م	يُقْتَلُونَ قف	يُؤْمِنُونَ ○
عَآئِدُونَ ○	قَوْلُهُمْ م	عَلِيمٍ ○	حَدِيثًا ○
كٰرِهِينَ قف	وَرِضْوَانٌ ط	بِالْبَصَرِ ○	مَن يَّشَآءُ ط
مَكْرُوهًا ○	كِتٰبِيَهْ ○ ج	وَالشَّهَادَةِ ج	نُفُورًا ○
قَتَرَةٌ ○ ط	جَدِيدًا ○	لَا تَخَفْ قف	بِالنُّذُرِ ○
عَظِيمٌ ○	مِن قَسْوَرَةٍ ○ ط	مَعَهُ ج	غُرُورٍ ○ ج

Comments:

Date Completed: / /

Excellent ☐ Good ☐ Average ☐

SILENT LETTERS

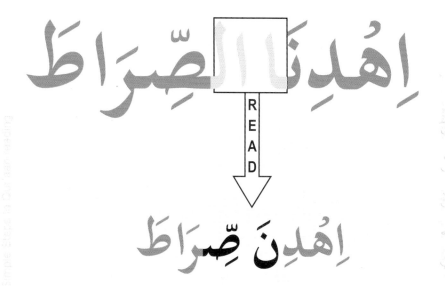

اِهْدِنَا الصِّرَاطَ

READ

اِهْدِنَ صِّرَاطَ

A letter without a symbol is not sounded.
Sometimes it is marked with a small circle.

بِسۡمِ اللّٰهِ الرَّحۡمٰنِ الرَّحِيۡمِ

Partial Aayahs

Lesson 18

اِهۡدِنَا الصِّرَاطَ	تَحۡتِهَا الۡاَنۡهٰرُ
اُحۡشُرُوا الَّذِيۡنَ	وَاِذَا لَقُوا الَّذِيۡنَ
بِمَآ اَخۡلَفُوا اللّٰهَ	اٰمَنُوا اسۡتَعِيۡنُوۡا
عَلَی الۡبِرِّ وَالتَّقۡوٰی	وَعَمِلُوا الصّٰلِحٰتِ
اِذَا الشَّمۡسُ كُوِّرَتۡ	وَاِذَا الۡقُبُوۡرُ بُعۡثِرَتۡ
اَنۡتَ الۡعَلِيۡمُ الۡحَكِيۡمُ	هُوَ التَّوَّابُ الرَّحِيۡمُ

Comments:

Date Completed: / /

Excellent ☐ Good ☐ Average ☐

بِسْمِ اللّٰهِ الرَّحْمٰنِ الرَّحِيْمِ

Lesson 19

وَعَادًا وَّثَمُوْدَاْ	لَاْ اِلَى الْجَحِيْمِ
وَنَبْلُوَاْ اَخْبَارَكُمْ	فَاَنَاْ اَوَّلُ الْعٰبِدِيْنَ
وَثَمُوْدَاْ فَمَآ اَبْقٰى	مَآ اَنَاْ بِبَاسِطٍ يَّدِىَ
وَاَنَاْ رَبُّكُمْ فَاعْبُدُوْنِ	قَالَ اَنَاْ اُحْيِ وَاُمِيْتُ
اِنَّمَآ اَنَاْ مِنَ الْمُنْذِرِيْنَ	فَقَالَ اَنَاْ رَبُّكُمُ الْاَعْلٰى
وَمَآ اَنَاْ بِظَلَّامٍ لِّلْعَبِيْدِ	وَلٰكِنْ لِّيَبْلُوَاْ بَعْضَكُمْ

Comments:

Date Completed: / /

Excellent ☐ Good ☐ Average ☐

بِسۡمِ اللّٰہِ الرَّحۡمٰنِ الرَّحِیۡمِ

Lesson 20

وَلَوۡیَشَآءُ اللّٰہُ لَانۡتَصَرَ مِنۡہُمۡ ۙ

ثُمَّ اِنَّ مَرۡجِعَہُمۡ لَاۡ اِلَی الۡجَحِیۡمِ ○

قَوَارِیۡرَاۡ مِنۡ فِضَّۃٍ قَدَّرُوۡہَا تَقۡدِیۡرًا ○

اَفَائِنۡ مَّاتَ اَوۡقُتِلَ انۡقَلَبۡتُمۡ عَلٰۤی اَعۡقَابِکُمۡ ؕ

لٰکِنَّاۡ ہُوَاللّٰہُ رَبِّیۡ وَلَاۤ اُشۡرِکُ بِرَبِّیۡۤ اَحَدًا ○

اَلَاۤ اِنَّ ثَمُوۡدَاۡ کَفَرُوۡا رَبَّہُمۡ ؕ اَلَا بُعۡدًا لِّثَمُوۡدَ ○

Excellent ☐ Good ☐ Average ☐

قالوا سبحانك لا علم لنا إلا ما علمتنا إنك أنت العليم الحكيم

"Glory be to you, we have no knowledge except what you have taught us.
Verily, it is You, the All Knower, the All Wise,".
Surah Al-Baqarah-32

Ma-Sha'-Allah!
Congratulation
On Completing

"Simple Steps in Qur'aan Reading – Part 3"

You may now commence
Reading the Holy Qur'aan

May Allah ﷻ Help you read the

Qur'aan correctly .... Aameen !

القرآن الكريم

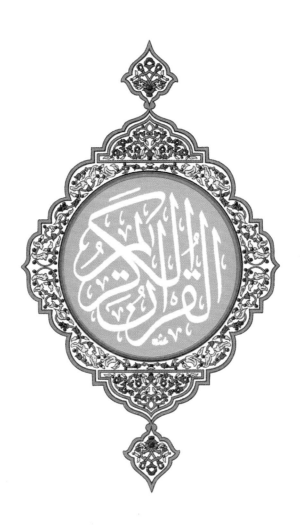

REVEALED IN MAKKAH

Al-Faatihah

سورة الفاتحة مكية

Ruku: 1

بِسۡمِ اللّٰهِ الرَّحۡمٰنِ الرَّحِيۡمِ

Ayah: 7

اَلۡحَمۡدُ لِلّٰهِ رَبِّ الۡعٰلَمِيۡنَ ۙ 1 الرَّحۡمٰنِ

الرَّحِيۡمِ ۙ 2 مٰلِكِ يَوۡمِ الدِّيۡنِ ؕ 3

اِيَّاكَ نَعۡبُدُ وَاِيَّاكَ نَسۡتَعِيۡنُ ؕ 4 ☆

اِهۡدِنَا الصِّرَاطَ الۡمُسۡتَقِيۡمَ ۙ 5 صِرَاطَ

الَّذِيۡنَ اَنۡعَمۡتَ عَلَيۡهِمۡ ۙ ۵ 6 غَيۡرِ ☆

الۡمَغۡضُوۡبِ عَلَيۡهِمۡ وَلَا الضَّآلِّيۡنَ 7 ع ★ آمين ★

Comments:

Date Completed: / /

Excellent ☐ Good ☐ Average ☐

(Qalqalah) Recite with Echo · (Ghunnah/Ikhfa/Qalb) Recite through nasal · (Madd') Stretch · (Tafkheem) Recite full mouth · Silent

Mankind | 114 (21)

An-Naas

REVEALED IN MAKKAH

سورة الناس مكية

Ruku: 1 | بِسۡمِ اللّٰهِ الرَّحۡمٰنِ الرَّحِيۡمِ | Ayah: 6

قُلْ اَعُوْذُ بِرَبِّ النَّاسِ ۝١ مَلِكِ النَّاسِ ۝٢ اِلٰهِ
النَّاسِ ۝٣ مِنْ شَرِّ الْوَسْوَاسِ ٥ الْخَنَّاسِ ۝٤ الَّذِىْ
يُوَسْوِسُ فِىْ صُدُوْرِ النَّاسِ ۝٥ مِنَ الْجِنَّةِ وَالنَّاسِ ۝٦

Comments:

Date Completed: / /

Excellent ☐ Good ☐ Average ☐

The Daybreak | 113 (20)

Al-Falaq

REVEALED IN MAKKAH

سورة الفلق مكية

Ruku: 1 | بِسۡمِ اللّٰهِ الرَّحۡمٰنِ الرَّحِيۡمِ | Ayah: 5

قُلْ اَعُوْذُ بِرَبِّ الْفَلَقِ ۝١ مِنْ شَرِّ مَا خَلَقَ ۝٢ وَ

(Qalqalah) Recite with Echo · (Ghunnah/Ikhfa) Recite through nose · (Madd') Stretch · (Tafkheem) Recite full mouth · Silent

مِنْ شَرِّ غَاسِقٍ اِذَا وَقَبَ ۙ﴿٣﴾ وَمِنْ شَرِّ النَّفّٰثٰتِ فِى

الْعُقَدِ ۙ﴿٤﴾ وَمِنْ شَرِّ حَاسِدٍ اِذَا حَسَدَ ۚ﴿٥﴾

Comments:

Date Completed: / /

Excellent ☐ Good ☐ Average ☐

The Sincerity   112 (22)

Al-Ikhlaas

REVEALED IN MAKKAH

سورة الاخلاص مكية

| Ruku: 1 | بِسْمِ اللهِ الرَّحْمٰنِ الرَّحِيمِ | Ayah: 4 |

قُلْ هُوَ اللّٰهُ اَحَدٌ ۚ﴿١﴾ اَللّٰهُ الصَّمَدُ ۚ﴿٢﴾ لَمْ يَلِدْ ۙ۬ وَلَمْ

يُوۡلَدۡ ۙ﴿٣﴾ وَلَمْ يَكُنْ لَّهٗ كُفُوًا اَحَدٌ ۚ﴿٤﴾

Comments:

Date Completed: / /

Excellent ☐ Good ☐ Average ☐

Palm-Fibre   111 (6)

Al-Masad

REVEALED IN MAKKAH

سورة المسد مكية

| (Qalqalah) Recite with Echo | (Ghunnah/Ikhfa/Qalb) Recite through nasal | (Madd') Stretch | (Tafkheem) Recite full mouth | Silent |

Ruku: 1 | بِسْمِ اللّٰهِ الرَّحْمٰنِ الرَّحِيْمِ | Ayah: 5

تَبَّتْ يَدَآ اَبِىْ لَهَبٍ وَّتَبَّ ۗ (1) مَآ اَغْنٰى عَنْهُ مَالُهٗ وَمَا

كَسَبَ ۗ (2) سَيَصْلٰى نَارًا ذَاتَ لَهَبٍ ۚ (3) وَّامْرَاَتُهٗ ۗ

حَمَّالَةَ الْحَطَبِ ۚ (4) فِىْ جِيْدِهَا حَبْلٌ مِّنْ مَّسَدٍ (5) ع

Comments:

Date Completed: / /

Excellent ☐ Good ☐ Average ☐

Succour | 110 (114)

An-Nasr

REVEALED IN MADINAH

سورة النصر مدنية

Ruku: 1 | بِسْمِ اللّٰهِ الرَّحْمٰنِ الرَّحِيْمِ | Ayah: 3

اِذَا جَآءَ نَصْرُ اللّٰهِ وَالْفَتْحُ ۙ (1) وَرَاَيْتَ النَّاسَ

يَدْخُلُوْنَ فِىْ دِيْنِ اللّٰهِ اَفْوَاجًا ۙ (2) فَسَبِّحْ بِحَمْدِ

(Qalqalah) Recite with Echo · (Ghunnah/Ikhfa/Qalb) Recite through nasal · (Madd') Stretch · (Tafkheem) Recite full mouth · Silent

رَبِّكَ وَاسْتَغْفِرْهُ ط اِنَّهٗ كَانَ تَوَّابًا (3) ع

Comments: Date Completed: / /

Excellent ☐ Good ☐ Average ☐

The Disbelievers 109 (18)

Al-Kaafiroon

REVEALED IN MAKKAH

سورة الكافرون مكية

Ruku: 1 — بِسْمِ اللّٰهِ الرَّحْمٰنِ الرَّحِيْمِ — Ayah: 6

قُلْ يٰۤاَيُّهَا الْكٰفِرُوْنَ (1) لَاۤ اَعْبُدُ مَا تَعْبُدُوْنَ (2) وَلَاۤ

اَنْتُمْ عٰبِدُوْنَ مَاۤ اَعْبُدُ (3) وَلَاۤ اَنَا عَابِدٌ مَّا عَبَدْتُّمْ (4) وَلَاۤ

اَنْتُمْ عٰبِدُوْنَ مَاۤ اَعْبُدُ (5) لَكُمْ دِيْنُكُمْ وَلِيَ دِيْنِ (6) ع

Comments: Date Completed: / /

Excellent ☐ Good ☐ Average ☐

Abundance 108 (15)

Al-Kauthar

REVEALED IN MAKKAH

سورة الكوثر مكية

(Qalqalah) Recite with Echo · (Ghunnah/Ikhfa/Qalb) Recite through nasal · (Madd') Stretch · (Tafkheem) Recite full mouth · Silent

Ruku: 1

بِسْمِ اللّٰهِ الرَّحْمٰنِ الرَّحِيْمِ

Ayah: 3

إِنَّآ أَعْطَيْنٰكَ الْكَوْثَرَ ۚ ﴿1﴾ فَصَلِّ لِرَبِّكَ وَانْحَرْ ۚ ﴿2﴾

إِنَّ شَانِئَكَ هُوَ الْأَبْتَرُ ع ﴿3﴾

Comments:

Date Completed: / /

Excellent ☐ Good ☐ Average ☐

Small Kindness

107 (17)

Al-Maa'oon

REVEALED IN MAKKAH

سورة الماعون مكية

Ruku: 1

بِسْمِ اللّٰهِ الرَّحْمٰنِ الرَّحِيْمِ

Ayah: 7

أَرَءَيْتَ الَّذِى يُكَذِّبُ بِالدِّيْنِ ۚ ﴿1﴾ فَذٰلِكَ الَّذِى يَدُعُّ

الْيَتِيْمَ ﴿2﴾ وَلَا يَحُضُّ عَلٰى طَعَامِ الْمِسْكِيْنِ ۚ ﴿3﴾ فَوَيْلٌ

لِّلْمُصَلِّيْنَ ﴿4﴾ الَّذِيْنَ هُمْ عَنْ صَلَاتِهِمْ سَاهُوْنَ ﴿5﴾

(Qalqalah) Recite with Echo · (Ghunnah/Ikhfa/Qalb) Recite through nasal · (Madd') Stretch · (Tafkheem) Recite full mouth · Silent

الَّذِيْنَ هُمْ يُرَآءُوْنَ ۙ (6) وَيَمْنَعُوْنَ الْمَاعُوْنَ (7) ع

Comments:

Date Completed: / /

Excellent ☐ Good ☐ Average ☐

Quraish 106 (29)

REVEALED IN MAKKAH

Al-Quraish

سورة قريش مكية

Ruku: 1

بِسْمِ اللّٰهِ الرَّحْمٰنِ الرَّحِيْمِ

Ayah: 4

لِاِيْلٰفِ قُرَيْشٍ ۙ (1) اٖلٰفِهِمْ رِحْلَةَ الشِّتَآءِ وَالصَّيْفِ ۚ (2)

فَلْيَعْبُدُوْا رَبَّ هٰذَا الْبَيْتِ ۙ (3) الَّذِىْٓ اَطْعَمَهُمْ مِّنْ

جُوْعٍ ۙ ۵ وَّاٰمَنَهُمْ مِّنْ خَوْفٍ (4) ع

Comments:

Date Completed: / /

Excellent ☐ Good ☐ Average ☐

The Elephant 105 (19)

REVEALED IN MAKKAH

Al-Feel

سورة الفيل مكية

(Qalqalah) Recite with Echo
(Ghunnah/Ikhfa/Qalb) Recite through nasal
(Madd') Stretch
(Tafkheem) Recite full mouth
Silent

Ruku: 1 | بِسْمِ اللّٰهِ الرَّحْمٰنِ الرَّحِيْمِ | Ayah: 5

اَلَمْ تَرَ كَيْفَ فَعَلَ رَبُّكَ بِاَصْحٰبِ الْفِيْلِ ۝1 اَلَمْ يَجْعَلْ
كَيْدَهُمْ فِىْ تَضْلِيْلٍ ۝2 وَّاَرْسَلَ عَلَيْهِمْ طَيْرًا اَبَابِيْلَ ۝3
تَرْمِيْهِمْ بِحِجَارَةٍ مِّنْ سِجِّيْلٍ ۝4 فَجَعَلَهُمْ كَعَصْفٍ مَّاْكُوْلٍ ۝5

Comments:

Date Completed: / /

Excellent ☐ Good ☐ Average ☐

The Traducer

104 (32)

Al-Humazah

REVEALED IN MAKKAH

سورة الهمزة مكية

Ruku: 1 | بِسْمِ اللّٰهِ الرَّحْمٰنِ الرَّحِيْمِ | Ayah: 9

وَيْلٌ لِّكُلِّ هُمَزَةٍ لُّمَزَةِ ۝1 الَّذِىْ جَمَعَ مَالًا وَّعَدَّدَهٗ ۝2 يَحْسَبُ
اَنَّ مَالَهٗٓ اَخْلَدَهٗ ۝3 كَلَّا لَيُنْۢبَذَنَّ فِى الْحُطَمَةِ ۝4 وَمَآ

(Qalqalah) Recite with Echo | (Ghunnah/Ikhfa/Qalb) Recite through nasal | (Madd') Stretch | (Tafkheem) Recite full mouth | Silent

اَدْرٰكَ مَا الْحُطَمَةُ ؕ ⑤ نَارُ اللّٰهِ الْمُوْقَدَةُ ۙ ⑥ الَّتِىْ تَطَّلِعُ

عَلَى الْاَفْـِٕدَةِ ؕ ⑦ اِنَّهَا عَلَيْهِمْ مُّؤْصَدَةٌ ۙ ⑧ فِىْ عَمَدٍ مُّمَدَّدَةٍ ⑨ ع

Comments:

Date Completed: / /

Excellent ☐ Good ☐ Average ☐

The Declining Day 103 (13)

Al-'Asr

REVEALED IN MAKKAH

سورة العصر مكية

Ruku: 1

بِسْمِ اللّٰهِ الرَّحْمٰنِ الرَّحِيْمِ

Ayah: 3

وَالْعَصْرِ ۙ ① اِنَّ الْاِنْسَانَ لَفِىْ خُسْرٍ ۙ ② اِلَّا الَّذِيْنَ اٰمَنُوْا

وَعَمِلُوا الصّٰلِحٰتِ وَتَوَاصَوْا بِالْحَقِّ ۙ وَتَوَاصَوْا بِالصَّبْرِ ③ ع

Comments:

Date Completed: / /

Excellent ☐ Good ☐ Average ☐

Rivalry in Worldly Increase 102 (16)

At-Takaathur

REVEALED IN MAKKAH

سورة التكاثر مكية

(Qalqalah) Recite with Echo · (Ghunnah/Ikhfa/Qalb) Recite through nasal · (Madd') Stretch · (Tafkheem) Recite full mouth · Silent

Ruku: 1

بِسۡمِ اللّٰهِ الرَّحۡمٰنِ الرَّحِيۡمِ

Ayah: 8

اَلۡهٰكُمُ التَّكَاثُرُ ۙ ① حَتّٰى زُرۡتُمُ الۡمَقَابِرَ ؕ ② كَلَّا سَوۡفَ

تَعۡلَمُوۡنَ ۙ ③ ثُمَّ كَلَّا سَوۡفَ تَعۡلَمُوۡنَ ؕ ④ كَلَّا لَوۡ تَعۡلَمُوۡنَ

عِلۡمَ الۡيَقِيۡنِ ؕ ⑤ لَتَرَوُنَّ الۡجَحِيۡمَ ۙ ⑥ ثُمَّ لَتَرَوُنَّهَا

عَيۡنَ الۡيَقِيۡنِ ۙ ⑦ ثُمَّ لَتُسۡـَٔلُنَّ يَوۡمَئِذٍ عَنِ النَّعِيۡمِ ع ⑧

Comments:

Date Completed: / /

Excellent ☐ Good ☐ Average ☐

The Calamity

101 (30)

Al-Qaari'ah

REVEALED IN MAKKAH

سورة القارعة مكية

Ruku: 1

بِسۡمِ اللّٰهِ الرَّحۡمٰنِ الرَّحِيۡمِ

Ayah: 11

اَلۡقَارِعَةُ ۙ ① مَا الۡقَارِعَةُ ۚ ② وَمَاۤ اَدۡرٰٮكَ مَا الۡقَارِعَةُ ؕ ③

(Qalqalah) Recite with Echo
(Ghunnah/Ikhfa/Qalb) Recite through nasal
(Madd') Stretch
(Tafkheem) Recite full mouth
Silent

Simple Steps in Qur'aan reading

يَوْمَ يَكُوْنُ النَّاسُ كَالْفَرَاشِ الْمَبْثُوْثِ ﴿4﴾ وَتَكُوْنُ
الْجِبَالُ كَالْعِهْنِ الْمَنْفُوْشِ ﴿5﴾ فَاَمَّا مَنْ ثَقُلَتْ مَوَازِيْنُهٗ ﴿6﴾
فَهُوَ فِىْ عِيْشَةٍ رَّاضِيَةٍ ﴿7﴾ وَاَمَّا مَنْ خَفَّتْ مَوَازِيْنُهٗ ﴿8﴾
فَاُمُّهٗ هَاوِيَةٌ ﴿9﴾ وَمَآ اَدْرٰىكَ مَاهِيَهْ ﴿10﴾ نَارٌ حَامِيَةٌ ﴿11﴾

The Coursers 100 (14)

REVEALED IN MAKKAH

Al-'Aadiyaat

سورة العديات مكية

Ruku: 1

بِسْمِ اللّٰهِ الرَّحْمٰنِ الرَّحِيْمِ

Ayah: 11

وَالْعٰدِيٰتِ ضَبْحًا ﴿1﴾ فَالْمُوْرِيٰتِ قَدْحًا ﴿2﴾ فَالْمُغِيْرٰتِ
صُبْحًا ﴿3﴾ فَاَثَرْنَ بِهٖ نَقْعًا ﴿4﴾ فَوَسَطْنَ بِهٖ جَمْعًا ﴿5﴾

اِنَّ الْاِنْسَانَ لِرَبِّهٖ لَكَنُوْدٌ ج (6) وَاِنَّهٗ عَلٰى

ذٰلِكَ لَشَهِيْدٌ ج (7) وَاِنَّهٗ لِحُبِّ الْخَيْرِ لَشَدِيْدٌ ط (8)

اَفَلَا يَعْلَمُ اِذَا بُعْثِرَ مَا فِي الْقُبُوْرِ لا (9) وَحُصِّلَ

مَا فِي الصُّدُوْرِ لا (10) اِنَّ رَبَّهُمْ بِهِمْ يَوْمَئِذٍ لَّخَبِيْرٌ ع (11)

The Earthquake 99 (93)

REVEALED IN MADINAH

Al-Zalzalah

سورة الزلزلة مدنية

Ruku: 1

بِسْمِ اللّٰهِ الرَّحْمٰنِ الرَّحِيْمِ

Ayah: 8

اِذَا زُلْزِلَتِ الْاَرْضُ زِلْزَالَهَا لا (1) وَاَخْرَجَتِ الْاَرْضُ

اَثْقَالَهَا لا (2) وَقَالَ الْاِنْسَانُ مَالَهَا ج (3) يَوْمَئِذٍ تُحَدِّثُ

اَخْبَارَهَا ۗ ④ بِاَنَّ رَبَّكَ اَوْحٰى لَهَا ۗ ⑤ يَوْمَئِذٍ يَّصْدُرُ النَّاسُ

اَشْتَاتًا ۙ لِّيُرَوْا اَعْمَالَهُمْ ۗ ⑥ فَمَنْ يَّعْمَلْ مِثْقَالَ ذَرَّةٍ

خَيْرًا يَّرَهٗ ۗ ⑦ وَمَنْ يَّعْمَلْ مِثْقَالَ ذَرَّةٍ شَرًّا يَّرَهٗ ⑧ ع

Comments:

Date Completed: / /

Excellent ☐ Good ☐ Average ☐

The Clear Proof 98 (100)

Al-Baiyyinah

REVEALED IN MADINAH

سورة البينة مدنية

Ruku: 1

بِسْمِ اللّٰهِ الرَّحْمٰنِ الرَّحِيْمِ

Ayah: 8

لَمْ يَكُنِ الَّذِيْنَ كَفَرُوْا مِنْ اَهْلِ الْكِتٰبِ وَالْمُشْرِكِيْنَ مُنْفَكِّيْنَ

حَتّٰى تَاْتِيَهُمُ الْبَيِّنَةُ ۙ ① رَسُوْلٌ مِّنَ اللّٰهِ يَتْلُوْا صُحُفًا مُّطَهَّرَةً ۙ ②

فِيْهَا كُتُبٌ قَيِّمَةٌ ۗ ③ وَمَا تَفَرَّقَ الَّذِيْنَ اُوْتُوا الْكِتٰبَ

(Qalqalah) Recite with Echo | (Ghunnah/Ikhfa/Qalb) Recite through nasal | (Madd') Stretch | (Tafkheem) Recite full mouth | Silent

اِلَّا مِنۢ بَعۡدِ مَا جَآءَتۡهُمُ الۡبَيِّنَةُ ؕ ﴿4﴾ وَمَاۤ اُمِرُوۡۤا اِلَّا

لِيَعۡبُدُوا اللّٰهَ مُخۡلِصِيۡنَ لَهُ الدِّيۡنَ ۙ۬ حُنَفَآءَ وَيُقِيۡمُوا

الصَّلٰوةَ وَيُؤۡتُوا الزَّكٰوةَ وَذٰلِكَ دِيۡنُ الۡقَيِّمَةِ ؕ ﴿5﴾ اِنَّ الَّذِيۡنَ

كَفَرُوۡا مِنۡ اَهۡلِ الۡكِتٰبِ وَالۡمُشۡرِكِيۡنَ فِىۡ نَارِ جَهَنَّمَ خٰلِدِيۡنَ

فِيۡهَا ؕ اُولٰٓئِكَ هُمۡ شَرُّ الۡبَرِيَّةِ ؕ ﴿6﴾ اِنَّ الَّذِيۡنَ اٰمَنُوۡا وَعَمِلُوا

الصّٰلِحٰتِ ۙ اُولٰٓئِكَ هُمۡ خَيۡرُ الۡبَرِيَّةِ ؕ ﴿7﴾ جَزَآؤُهُمۡ عِنۡدَ رَبِّهِمۡ

جَنّٰتُ عَدۡنٍ تَجۡرِىۡ مِنۡ تَحۡتِهَا الۡاَنۡهٰرُ خٰلِدِيۡنَ فِيۡهَاۤ اَبَدًا ؕ

رَضِىَ اللّٰهُ عَنۡهُمۡ وَرَضُوۡا عَنۡهُ ؕ ذٰلِكَ لِمَنۡ خَشِىَ رَبَّهٗ ﴿8﴾ ع

Comments:

Date Completed: / /

Excellent ☐ Good ☐ Average ☐

(Qalqalah) Recite with Echo · (Ghunnah/Ikhfa/Qalb) Recite through nasal · (Madd') Stretch · (Tafkheem) Recite full mouth · Silent

Power | 97 (25)

Al-Qadr

سورة القدر مكية

REVEALED IN MAKKAH

Ruku: 1 | بِسۡمِ اللّٰهِ الرَّحۡمٰنِ الرَّحِيۡمِ | Ayah: 5

اِنَّآ اَنۡزَلۡنٰهُ فِىۡ لَيۡلَةِ الۡقَدۡرِ ۚ (1) وَمَاۤ اَدۡرٰٮكَ مَا لَيۡلَةُ الۡقَدۡرِ ؕ (2)

لَيۡلَةُ الۡقَدۡرِ ۙ خَيۡرٌ مِّنۡ اَلۡفِ شَهۡرٍ ؕ (3) تَنَزَّلُ الۡمَلٰٓٮِٕكَةُ وَالرُّوۡحُ

فِيۡهَا بِاِذۡنِ رَبِّهِمۡ مِّنۡ كُلِّ اَمۡرٍ ۛۙ (4) سَلٰمٌ ۛ هِىَ حَتّٰى مَطۡلَعِ الۡفَجۡرِ ع (5)

Comments:

Date Completed: / /

Excellent ☐ Good ☐ Average ☐

The Clot | 96 (1)

Al-'Alaq

سورة العلق مكية

REVEALED IN MAKKAH

Ruku: 1 | بِسۡمِ اللّٰهِ الرَّحۡمٰنِ الرَّحِيۡمِ | Ayah: 19

اِقۡرَاۡ بِاسۡمِ رَبِّكَ الَّذِىۡ خَلَقَ ۚ (1) خَلَقَ الۡاِنۡسَانَ مِنۡ

(Qalqalah) Recite with Echo · (Ghunnah/Ikhfa/Qalb) Recite through nasal · (Madd') Stretch · (Tafkheem) Recite full mouth · Silent

عَلَقٍ ۚ ﴿2﴾ اِقْرَاْ وَرَبُّكَ الْاَكْرَمُ ۙ ﴿3﴾ الَّذِىْ عَلَّمَ بِالْقَلَمِ ۙ ﴿4﴾

عَلَّمَ الْاِنْسَانَ مَالَمْ يَعْلَمْ ؕ ﴿5﴾ كَلَّآ اِنَّ الْاِنْسَانَ لَيَطْغٰٓى ۙ ﴿6﴾

اَنْ رَّاٰهُ اسْتَغْنٰى ؕ ﴿7﴾ اِنَّ اِلٰى رَبِّكَ الرُّجْعٰى ؕ ﴿8﴾ اَرَءَيْتَ الَّذِىْ

يَنْهٰى ۙ ﴿9﴾ عَبْدًا اِذَا صَلّٰى ؕ ﴿10﴾ اَرَءَيْتَ اِنْ كَانَ عَلَى

الْهُدٰٓى ۙ ﴿11﴾ اَوْ اَمَرَ بِالتَّقْوٰى ؕ ﴿12﴾ اَرَءَيْتَ اِنْ كَذَّبَ وَتَوَلّٰى ؕ ﴿13﴾

اَلَمْ يَعْلَمْ بِاَنَّ اللّٰهَ يَرٰى ؕ ﴿14﴾ كَلَّا لَئِنْ لَّمْ يَنْتَهِ ۙ۬ لَنَسْفَعًۢا

بِالنَّاصِيَةِ ۙ ﴿15﴾ نَاصِيَةٍ كَاذِبَةٍ خَاطِئَةٍ ۚ ﴿16﴾ فَلْيَدْعُ نَادِيَهٗ ۙ ﴿17﴾

سَنَدْعُ الزَّبَانِيَةَ ۙ ﴿18﴾ كَلَّا ؕ لَا تُطِعْهُ وَاسْجُدْ وَاقْتَرِبْ ۩ ﴿19﴾

Comments:

Date Completed: / /

Excellent ☐ Good ☐ Average ☐

(Qalqalah) Recite with Echo
(Ghunnah/Ikhfa/Qalb) Recite through nasal
(Madd') Stretch
(Tafkheem) Recite full mouth
Silent

The Clear Proof 95 (28)

At-Teen

سورة التين مكية

REVEALED IN MAKKAH

Ruku: 1 | بِسۡمِ اللّٰهِ الرَّحۡمٰنِ الرَّحِيۡمِ | Ayah: 8

وَالتِّيْنِ وَالزَّيْتُوْنِ ﴿1﴾ وَطُوْرِ سِيْنِيْنَ ﴿2﴾ وَهٰذَا الْبَلَدِ

الْاَمِيْنِ ﴿3﴾ لَقَدْ خَلَقْنَا الْاِنْسَانَ فِيْۤ اَحْسَنِ

تَقْوِيْمٍ ﴿4﴾ ثُمَّ رَدَدْنٰهُ اَسْفَلَ سٰفِلِيْنَ ﴿5﴾ اِلَّا الَّذِيْنَ

اٰمَنُوْا وَعَمِلُوا الصّٰلِحٰتِ فَلَهُمْ اَجْرٌ غَيْرُ مَمْنُوْنٍ ﴿6﴾ فَمَا

يُكَذِّبُكَ بَعْدُ بِالدِّيْنِ ﴿7﴾ اَلَيْسَ اللّٰهُ بِاَحْكَمِ الْحٰكِمِيْنَ ﴿8﴾

Comments:

Date Completed: / /

Excellent ☐ Good ☐ Average ☐

Solace 94 (21)

Al-Sharh

سورة الم نشرح مكية

REVEALED IN MAKKAH

(Qalqalah) Recite with Echo · (Ghunnah/Ikhfa/Qalb) Recite through nasal · (Madd') Stretch · (Tafkheem) Recite full mouth · Silent

Ruku: 1 — بِسْمِ اللّٰهِ الرَّحْمٰنِ الرَّحِيْمِ — Ayah: 8

اَلَمْ نَشْرَحْ لَكَ صَدْرَكَ ۙ ١ وَوَضَعْنَا عَنْكَ وِزْرَكَ ۙ ٢

الَّذِىٓ اَنْقَضَ ظَهْرَكَ ۙ ٣ وَرَفَعْنَا لَكَ ذِكْرَكَ ؕ ٤ فَاِنَّ

مَعَ الْعُسْرِ يُسْرًا ۙ ٥ اِنَّ مَعَ الْعُسْرِ يُسْرًا ؕ ٦ فَاِذَا

فَرَغْتَ فَانْصَبْ ۙ ٧ وَاِلٰى رَبِّكَ فَارْغَبْ ۢ ٨

Comments: Date Completed: / /

Excellent ☐   Good ☐   Average ☐

The Morning Hours   93 (11)

Ad-Dhuha

REVEALED IN MAKKAH

سورة الضحى مكية

Ruku: 1 — بِسْمِ اللّٰهِ الرَّحْمٰنِ الرَّحِيْمِ — Ayah: 11

وَالضُّحٰى ۙ ١ وَالَّيْلِ اِذَا سَجٰى ۙ ٢ مَا وَدَّعَكَ رَبُّكَ وَمَا قَلٰى ؕ ٣ وَ

● (Qalqalah) Recite with Echo   ● (Ghunnah/Ikhfa/Qalb) Recite through nasal   ● (Madd) Stretch   ● (Tafkheem) Recite full mouth   ● Silent

لَلْاٰخِرَةُ خَيْرٌ لَّكَ مِنَ الْاُوْلٰى ﴿4﴾ وَلَسَوْفَ يُعْطِيْكَ رَبُّكَ
فَتَرْضٰى ﴿5﴾ اَلَمْ يَجِدْكَ يَتِيْمًا فَاٰوٰى ﴿6﴾ وَوَجَدَكَ ضَآلًّا
فَهَدٰى ﴿7﴾ وَوَجَدَكَ عَآئِلًا فَاَغْنٰى ﴿8﴾ فَاَمَّا الْيَتِيْمَ فَلَا
تَقْهَرْ ﴿9﴾ وَاَمَّا السَّآئِلَ فَلَا تَنْهَرْ ﴿10﴾ وَاَمَّا بِنِعْمَةِ رَبِّكَ فَحَدِّثْ ﴿11﴾

Comments:

Date Completed: / /

Excellent ☐ Good ☐ Average ☐

The Night 92 (9)

Al-Layl

سورة الليل مكية

REVEALED IN MAKKAH

Ruku: 1 | بِسْمِ اللّٰهِ الرَّحْمٰنِ الرَّحِيْمِ | Ayah: 21

وَالَّيْلِ اِذَا يَغْشٰى ﴿1﴾ وَالنَّهَارِ اِذَا تَجَلّٰى ﴿2﴾ وَمَا خَلَقَ
الذَّكَرَ وَالْاُنْثٰٓى ﴿3﴾ اِنَّ سَعْيَكُمْ لَشَتّٰى ﴿4﴾ فَاَمَّا مَنْ اَعْطٰى

(Qalqalah) Recite with Echo · (Ghunnah/Ikhfa/Qalb) Recite through nasal · (Madd') Stretch · (Tafkheem) Recite full mouth · Silent

وَاتَّقٰى ۙ ﴿5﴾ وَصَدَّقَ بِالْحُسْنٰى ۙ ﴿6﴾ فَسَنُيَسِّرُهٗ لِلْيُسْرٰى ؕ ﴿7﴾ وَ

اَمَّا مَنْۢ بَخِلَ وَاسْتَغْنٰى ۙ ﴿8﴾ وَكَذَّبَ بِالْحُسْنٰى ۙ ﴿9﴾ فَسَنُيَسِّرُهٗ

لِلْعُسْرٰى ؕ ﴿10﴾ وَمَا يُغْنِىْ عَنْهُ مَالُهٗۤ اِذَا تَرَدّٰى ؕ ﴿11﴾

اِنَّ عَلَيْنَا لَلْهُدٰى ۖ ﴿12﴾ وَاِنَّ لَنَا لَلْاٰخِرَةَ وَالْاُوْلٰى ﴿13﴾

فَاَنْذَرْتُكُمْ نَارًا تَلَظّٰى ۚ ﴿14﴾ لَا يَصْلٰهَاۤ اِلَّا الْاَشْقَى ۙ ﴿15﴾

الَّذِىْ كَذَّبَ وَتَوَلّٰى ؕ ﴿16﴾ وَسَيُجَنَّبُهَا الْاَتْقَى ۙ ﴿17﴾ الَّذِىْ

يُؤْتِىْ مَالَهٗ يَتَزَكّٰى ۚ ﴿18﴾ وَمَا لِاَحَدٍ عِنْدَهٗ مِنْ

نِّعْمَةٍ تُجْزٰۤى ۙ ﴿19﴾ اِلَّا ابْتِغَآءَ وَجْهِ رَبِّهِ الْاَعْلٰى ۚ ﴿20﴾ وَلَسَوْفَ يَرْضٰى ﴿21﴾ ع

Comments: Date Completed: / /

Excellent ☐ Good ☐ Average ☐

(Qalqalah) Recite with Echo · (Ghunnah/Ikhfa/Qalb) Recite through nasal · (Madd') Stretch · (Tafkheem) Recite full mouth · Silent

The Sun 91 (26)

Ash-Shams

سورة الشمس مكية

Ruku: 1

بِسْمِ اللّٰهِ الرَّحْمٰنِ الرَّحِيْمِ

Ayah: 15

وَالشَّمْسِ وَضُحٰهَا ۝1 وَالْقَمَرِ اِذَا تَلٰهَا ۝2 وَالنَّهَارِ
اِذَا جَلّٰهَا ۝3 وَالَّيْلِ اِذَا يَغْشٰهَا ۝4 وَالسَّمَآءِ وَمَا
بَنٰهَا ۝5 وَالْاَرْضِ وَمَا طَحٰهَا ۝6 وَنَفْسٍ وَّمَا سَوّٰهَا ۝7
فَاَلْهَمَهَا فُجُوْرَهَا وَتَقْوٰهَا ۝8 قَدْ اَفْلَحَ مَنْ زَكّٰهَا ۝9
وَقَدْ خَابَ مَنْ دَسّٰهَا ۝10 كَذَّبَتْ ثَمُوْدُ بِطَغْوٰهَآ ۝11
اِذِ انْۢبَعَثَ اَشْقٰهَا ۝12 فَقَالَ لَهُمْ رَسُوْلُ اللّٰهِ نَاقَةَ
اللّٰهِ وَسُقْيٰهَا ۝13 فَكَذَّبُوْهُ فَعَقَرُوْهَا ۵ فَدَمْدَمَ

عَلَيۡهِمۡ رَبُّهُمۡ بِذَنۡۢبِهِمۡ فَسَوّٰىهَا ﴿14﴾ وَلَا يَخَافُ عُقۡبٰهَا ﴿15﴾

Comments:

Date Completed: / /

Excellent ☐ Good ☐ Average ☐

The City

90 (35)

Al-Balad

REVEALED IN MAKKAH

سورة البلد مكية

Ruku: 1

بِسۡمِ اللّٰهِ الرَّحۡمٰنِ الرَّحِيۡمِ

Ayah: 20

لَآ اُقۡسِمُ بِهٰذَا الۡبَلَدِ ﴿1﴾ وَاَنۡتَ حِلٌّۢ بِهٰذَا الۡبَلَدِ ﴿2﴾ وَ

وَالِدٍ وَّمَا وَلَدَ ﴿3﴾ لَقَدۡ خَلَقۡنَا الۡاِنۡسَانَ فِىۡ كَبَدٍ ﴿4﴾

اَيَحۡسَبُ اَنۡ لَّنۡ يَّقۡدِرَ عَلَيۡهِ اَحَدٌ ﴿5﴾ يَقُوۡلُ اَهۡلَكۡتُ مَالًا

لُّبَدًا ﴿6﴾ اَيَحۡسَبُ اَنۡ لَّمۡ يَرَهٗۤ اَحَدٌ ﴿7﴾ اَلَمۡ نَجۡعَلۡ لَّهٗ

عَيۡنَيۡنِ ﴿8﴾ وَلِسَانًا وَّشَفَتَيۡنِ ﴿9﴾ وَهَدَيۡنٰهُ النَّجۡدَيۡنِ ﴿10﴾

(Qalqalah) Recite with Echo — (Ghunnah/Ikhfa/Qalb) Recite through nasal — (Madd) Stretch — (Tafkheem) Recite full mouth — Silent

Simple Steps in Qur'aan reading

فَلَا اقْتَحَمَ الْعَقَبَةَ ﴿11﴾ وَمَآ اَدْرٰكَ مَا الْعَقَبَةُ ﴿12﴾

فَكُّ رَقَبَةٍ ﴿13﴾ اَوْ اِطْعٰمٌ فِیْ یَوْمٍ ذِیْ مَسْغَبَةٍ ﴿14﴾ یَّتِیْمًا

ذَا مَقْرَبَةٍ ﴿15﴾ اَوْ مِسْكِیْنًا ذَا مَتْرَبَةٍ ﴿16﴾ ثُمَّ كَانَ مِنَ

الَّذِیْنَ اٰمَنُوْا وَتَوَاصَوْا بِالصَّبْرِ وَتَوَاصَوْا بِالْمَرْحَمَةِ ﴿17﴾

اُولٰٓئِكَ اَصْحٰبُ الْمَیْمَنَةِ ﴿18﴾ وَالَّذِیْنَ كَفَرُوْا بِاٰیٰتِنَا

هُمْ اَصْحٰبُ الْمَشْئَمَةِ ﴿19﴾ عَلَیْهِمْ نَارٌ مُّؤْصَدَةٌ ﴿20﴾

Comments:

Date Completed: / /

Excellent ☐ Good ☐ Average ☐

The Dawn — 89 (10)

Al-Fajr

REVEALED IN MAKKAH

سورة الفجر مكية

Ruku: 1

بِسْمِ اللّٰهِ الرَّحْمٰنِ الرَّحِیْمِ

Ayah: 30

(Qalqalah) Recite with Echo — (Ghunnah/Ikhfa/Qalb) Recite through nasal — (Madd') Stretch — (Tafkheem) Recite full mouth — Silent

وَالْفَجْرِ ۙ (1) وَلَيَالٍ عَشْرٍ ۙ (2) وَّالشَّفْعِ وَالْوَتْرِ ۙ (3) وَالَّيْلِ اِذَا

يَسْرِ ۚ (4) هَلْ فِىْ ذٰلِكَ قَسَمٌ لِّذِىْ حِجْرٍ ؕ (5) اَلَمْ تَرَ كَيْفَ

فَعَلَ رَبُّكَ بِعَادٍ ۙ (6) اِرَمَ ذَاتِ الْعِمَادِ ۙ (7) الَّتِىْ لَمْ يُخْلَقْ

مِثْلُهَا فِى الْبِلَادِ ۙ (8) وَثَمُوْدَ الَّذِيْنَ جَابُوا الصَّخْرَ بِالْوَادِ ۙ (9)

وَفِرْعَوْنَ ذِى الْاَوْتَادِ ۙ (10) الَّذِيْنَ طَغَوْا فِى الْبِلَادِ ۙ (11)

فَاَكْثَرُوْا فِيْهَا الْفَسَادَ ۙ (12) فَصَبَّ عَلَيْهِمْ رَبُّكَ سَوْطَ

عَذَابٍ ۚ (13) اِنَّ رَبَّكَ لَبِالْمِرْصَادِ ؕ (14) فَاَمَّا الْاِنْسَانُ اِذَا

مَا ابْتَلٰىهُ رَبُّهٗ فَاَكْرَمَهٗ وَنَعَّمَهٗ ۙ فَيَقُوْلُ رَبِّىْٓ اَكْرَمَنِ ؕ (15)

وَاَمَّآ اِذَا مَا ابْتَلٰىهُ فَقَدَرَ عَلَيْهِ رِزْقَهٗ ۙ فَيَقُوْلُ رَبِّىْٓ

Simple Steps in Qur'aan reading

اَهَانَنِ ﴿16﴾ ج كَلَّا بَلْ لَّا تُكْرِمُوْنَ الْيَتِيْمَ ﴿17﴾ لا وَلَا تَحٰٓضُّوْنَ

عَلٰى طَعَامِ الْمِسْكِيْنِ ﴿18﴾ لا وَتَاْكُلُوْنَ التُّرَاثَ اَكْلًا لَّمًّا ﴿19﴾ لا

وَّتُحِبُّوْنَ الْمَالَ حُبًّا جَمًّا ﴿20﴾ ط كَلَّآ اِذَا دُكَّتِ الْاَرْضُ دَكًّا

دَكًّا ﴿21﴾ لا وَّجَآءَ رَبُّكَ وَالْمَلَكُ صَفًّا صَفًّا ﴿22﴾ ج وَجِایْٓءَ يَوْمَئِذٍۭ

بِجَهَنَّمَ ۵ لا يَوْمَئِذٍ يَّتَذَكَّرُ الْاِنْسَانُ وَاَنّٰى لَهُ الذِّكْرٰى ﴿23﴾ ط

يَقُوْلُ يٰلَيْتَنِیْ قَدَّمْتُ لِحَيَاتِیْ ﴿24﴾ ج فَيَوْمَئِذٍ لَّا يُعَذِّبُ

عَذَابَهٗٓ اَحَدٌ ﴿25﴾ لا وَّلَا يُوْثِقُ وَثَاقَهٗٓ اَحَدٌ ﴿26﴾ ط يٰٓاَيَّتُهَا

النَّفْسُ الْمُطْمَئِنَّةُ ﴿27﴾ صلے ق ارْجِعِیْٓ اِلٰى رَبِّكِ رَاضِيَةً مَّرْضِيَّةً ﴿28﴾ ج

فَادْخُلِیْ فِیْ عِبٰدِیْ ﴿29﴾ لا وَادْخُلِیْ جَنَّتِیْ ﴿30﴾ ع

قالوا سبحانك لا علم لنا إلا ما علمتنا إنك أنت العليم الحكيم

"Glory be to you, we have no knowledge except what you have taught us.
Verily, it is You, the All Knower, the All Wise,".
Surah Al-Baqarah-32

Ma-Sha'-Allah!

Congratulation
On Completing

"Surah Al-Fajr
To
Surah An-Naas"

May Allah ﷻ Help you read the

Qur'aan correctly .... Aameen !

NOTES

NOTES

الطبعة الاولى ١٤٢٣ھ ٢٠٠٣م
الطبعة الثانية ١٤٢٩ھ ٢٠٠٨م
FIRST EDITION 1423 2003
SECOND EDITION 1429 2008

PUBLISHED BY:

Wisdom
Publications

WISDOM PUBLICATIONS

info@wisdompublications.co.uk
www.wisdompublications.co.uk

Affiliated to:
Zeenat-Ul-Qur'aan Academy